# LE MIEL ET
LES ÉPINES DES ROSES

MAYA PETERS

LE MIEL ET
LES ÉPINES DES ROSES

Édition : BoD · Books on Demand GmbH,
In de Tarpen 42, 22848 Norderstedt (Allemagne)
Impression : Libri Plureos GmbH, Friedensallee 273,
22763 Hamburg (Allemagne)
© Maya Peters, 2024
Illustrations : IA
Mise en page intérieure/couverture:
© Maya Peters
ISBN : 978-2-3224-9782-9
Dépôt légal : Novembre 2024

# SOMMAIRE :

**MIEL**

**ÉPINES**

**ROSES**

miel

*le miel et les épines des roses*

qu'il a été doux le réveil
la première fois
que je me suis sentie bien
à la sortie du rêve
que le réveil a été doux
quand ses mains
me caressant les cheveux
étaient signe d'amour
et non de crainte
que j'aime ces matins
où tout me semble facile
et où le mot de « *vie* »
retrouve de sa splendeur

un jour on m'a dit « je t'aime »
et c'était aussi sucré que du miel
aussi bon que la simplicité
aussi facile que de respirer
« je t'aime »
une phrase
une parole
une émotion fugace
et je commence aussi un peu à y croire
si fort
que je pourrais être capable
de me dire ces mots à moi-même
en les pensant

- à travers tes yeux j'ai commencé
à croire en l'amour de soi

*le miel et les épines des roses*

quand je me regarde
dans le miroir
il m'arrive de distinguer
la petite fille que j'ai été
celle qui avait peur de vivre
et de souffrir
qui préférait tout abandonner
parce que c'était plus facile
que de tout reconstruire
cette petite fille j'ai envie
de la serrer dans mes bras
et de lui dire qu'aujourd'hui
elle serait fière
de ce qu'elle est devenue
parce qu'on est forte
parce qu'on est belle
parce qu'on est vivante
et heureuse de l'être

recevoir des roses rouges
me balader dans la montagne
caresser des vaches
et rêver d'un monde meilleur
voir le coucher de soleil
et les splendeurs de la mer
me balader dans les rues de ma ville
boire un verre de vin en terrasse
son parfum
et son sourire
le silence après une fête
regarder une série au chaud dans mon lit
lire un livre qui me donne envie de vivre
écrire jusqu'à oublier le temps

- tout est aussi doux que du miel

*le miel et les épines des roses*

me faire jolie quand je viens te voir
ne pas savoir comment me tenir
pour que tu puisses me trouver jolie
avoir peur de faire un faux pas
et de dire une parole de trop
me mettre du rouge à lèvres
et avoir peur d'en laisser sur les verres
passer près de toi pour sentir ton parfum
ne plus t'écouter parler
parce que je suis trop
occupée à te regarder
t'aimer et te détester
repartir et pleurer

    - amour

*maya peters*

j'écris pour me raconter des histoires
parce que maintenant que je suis adulte
il n'y a plus personne pour m'en lire le soir

*le miel et les épines des roses*

je commence à aimer celle que je suis
à me trouver jolie quelques fois aussi
il m'arrive encore de me détester le lendemain
mais j'avance
petit à petit
et je me laisse du temps

c'est peut-être cela guérir

j'aime t'entendre rire
entendre ces mélodies
qui me sécurisent
j'aime sentir ton coeur
battre contre ma poitrine
et espérer des lendemains
meilleurs où l'angoisse
aura déserté
m'aura abandonnée
me laissera enfin respirer
j'aurais l'esprit plus libre
pour t'écouter parler
de l'avenir qui nous attend
des voyages et des jeux d'enfants

*le miel et les épines de roses*

aujourd'hui
je n'oublie plus
de me dire que je suis parfaite
telle que je suis
dans mes doutes et mes larmes
que je suis assez
et quand mes émotions s'expriment
que je ne suis pas excentrique
mais humaine
avec mes moments de désespoir
et mes cycles de tristesse
je suis assez
et si le monde essaye de me changer
encore
comme il l'a tant de fois fait dans le passé
je ne succomberai plus
parce qu'aujourd'hui
je vais mieux
et que l'espoir rend
je crois
invincible

mon armure de glace
commence à fondre
la neige que j'avais sur les lèvres
et les cils commence à disparaître
pour me protéger je n'ai plus de tristesse
elle était devenue confortable
elle m'éloignait du monde
je n'avais besoin de rien
seulement de sa présence
et aujourd'hui
Je commence à sourire
doucement
et le voile gelé
qu'il y avait sur le monde
commence à disparaître

*le miel et les épines des roses*

parfois
il m'arrive encore de rêver
d'un monde meilleur
d'un monde
où je n'aurais pas besoin
de faire semblant
pour être assez
d'un monde
où je ne suis pas obligée
de cacher mes différences
où être différent
n'est pas un problème
mais une chance

je me sens bien
dans tes bras
et à l'abri de tout
ce qui peut me faire du mal
je me sens bien
parce que mes blessures
guérissent petit à petit
et laisse de la place
à la vie pour revenir
pour parcourir à nouveau
mes veines
d'un souffle frais
qui me poussera encore
à avancer, à créer,
à espérer.

*le miel et les épines des roses*

je crois que je n'arrive pas
à expliquer ce qui me fait rester à tes côtés
c'est peut-être ton sourire qui se mue en un rire
chaque fois que nos regards se croisent
c'est peut-être cette complicité inexplicable
et pourtant exceptionnelle qui nous lie
depuis je le crois
le premier jour
c'est peut-être ton parfum
qui s'envole dans la nuit
c'est peut-être ton regard
aussi doux que ce qu'il peut être dur
c'est peut-être toutes tes petites manies
qui rendent ma vie plus jolie

je t'ai vue et j'ai su
que tu étais
est
et serais
ma personne

il y a bien longtemps
que j'avais oublié mes rêves
mais aujourd'hui
ici et avec toi
je me suis rappelée
que moi aussi j'ai un jour rêvé
de douceur

*le miel et les épines des roses*

je te remercie
d'avoir réparé chez moi
ce qui était brisé
par d'autres mains

quand mon monde s'est effondré
un jour d'hiver
un jour de peine
je pensais que la chaleur
qu'il y avait autrefois
dans mon coeur
ne reviendrait plus jamais
que la neige avait tout emporté
pourtant aujourd'hui je sens à nouveau
une petite flamme qui recommence à brûler

plus je te regarde
et plus je me sens fière de mes choix
parce qu'avec toi
je sens mon corps qui se relâche
mon coeur qui ralentit
mon sourire qui s'agrandit
et je suis heureuse
d'avoir écouté
pour une fois
ce que voulait mon coeur
et que ma tête s'obstinait à refuser
par peur de la blessure
de la difficulté
des doutes

les années passent
et j'accepte enfin
que depuis toujours
je me conforme à des attentes
à ce que veulent les gens de moi
parce qu'au fond je ne me connais pas
je ne sais pas qui je suis
ni même ce que je suis capable d'accomplir
j'ai comme l'impression d'avoir fait semblant
toute ma vie pour échapper aux questions
et rentrer dans leurs cases parce que j'avais peur
de n'être rien
de ne pas valoir plus
qu'un regard inquiet
de temps en temps pour faire « comme si »
mais aujourd'hui
je me libère de ces chaînes
qui ont fait des bleus sur mes poignets frêles
je me déleste de tout ce poids
qui ne m'appartient pas
et je leur rend
les craintes
les peurs
ça leur appartient

   - moi je choisis de vivre

*le miel et les épines des roses*

il y a longtemps
tu m'as dit
que tu étais fière de moi
tu me l'as dit encore récemment
et je n'arrive toujours pas à croire
que ce que j'accomplis est bon
que ce que j'accomplis est beau
et que tu n'as jamais changé d'avis
même avec les années
même avec les erreurs
je tombe et tu m'aides à me relever
je réussis et tu célèbres avec moi
alors je doute moins et j'avance
parce que je sais que peu importe
les choix que je ferai
jamais tu ne pourrais les juger

    - un « *je suis fière de toi* »
    a tellement de pouvoir

j'espère que peu importe
où la vie nous mènera
on se donnera toujours
rendez-vous quelque part
face à la mer
sous les étoiles
ou à la terrasse de ce bar
qu'on aimait bien
où on parlait de tout et de rien

*le miel et les épines des roses*

mes larmes sont moins acides
depuis que c'est tes mains
qui les essuient

je me laisse souvent porter
par une brise de vent
dans une rue ou dans une autre
parce que je ne sais pas encore exactement
ce qui est bon ou pas pour moi
ce qui peut me faire grandir
je me suis tellement trompée
sur les gens
sur mes faiblesses
que mon coeur
n'est pas prêt encore
pour une erreur de plus

*le miel et les épines des roses*

j'aimerais dire
à la petite fille que j'étais
qu'elle n'est responsable de rien
et surtout pas des mots qui font mal
des regards méchants
des coups que son coeur reçoit
elle n'est responsable de rien
et ça me fait affreusement mal
ne pas pouvoir la protéger
la préserver
parce que l'adulte
qui regarde cette petite fille
sait que la blessure ne guérit jamais vraiment
qu'il reste toujours une cicatrice
qu'elle s'efforcera pour le restant de sa vie
d'apaiser avec le miel
des mots qu'elle déposera sur le papier

tu es comme le soleil d'été
tu réchauffes mon coeur
et j'aime qu'il reprenne des couleurs
au creux de tes bras

*le miel et les épines des roses*

j'ai longtemps cherché
une raison de ne pas tout abandonner
parce que la tristesse emporte tout sur son passage
et rend terne les couleurs les plus vives
mais aujourd'hui cette question que je me posais
quand mon esprit était embrumé par l'angoisse
s'est muée en
« *quelle est la raison que j'aurais*
*de tout laisser tomber* »
et c'est beau
de croire en cette victoire
que les sourires autour de moi
ravivent et animent

j'ai jamais vraiment cru en moi
je me suis toujours dit
que tu étais bien trop bien pour moi
que je ne méritais pas tout cela
et surtout pas tes yeux attendris
qui se posent sur mon visage
je commence seulement à savourer
ta présence à mes côtés
à être fière de ce qu'on commence à devenir
parce qu'aujourd'hui
la haine est moins forte
la colère s'est apaisée

*le miel et les épines de roses*

parfois quand tout autour de moi
redevient sombre et terne
et que ma tête essaye de me rappeler
les souvenirs les plus tristes
je repense à tout ce qu'on a partagé :
les rires à n'en plus finir
les balades sous la pluie
les repas qu'on cuisinait
les vacances qu'on passait
à ne pas vouloir dormir
pour ne pas perdre de temps
les messages que tu m'envoyais
et qui me faisaient sourire
ça chasse un peu les nuages noirs de mon esprit

je me pardonne
je pardonne mon corps
et ses changements
que je ne peux pas prévoir
de ces formes que j'ai voulu
tant de fois cacher
parce que j'en avais honte
je me pardonne
je pardonne ma tête
d'aller trop vite
et de ne jamais savoir s'adapter
à un monde que je ne comprendrai jamais
je me pardonne
et je me pardonne dans mon entièreté
sans condition

*le miel et les épines des roses*

après être restée en apnée
je redécouvre ce que veut dire « *respirer* »
et je décide de sortir définitivement
la tête de l'eau
parce que la tristesse ne me sauvera pas

*maya peters*

j'ai enfin choisi
de trouver un endroit
où je puisse guérir
alors je l'ai cherché
longtemps
et je me suis rendue compte
que pour guérir
il ne me fallait pas un endroit
mais une personne

*le miel et les épines des roses*

emploi du temps
dissertation
partiels
commentaire
notes
autant de mots
qui ont détruit ma confiance en moi
parce que je croyais en un système
qui ne me convenait pas

je choisis
de me dévoiler
de ne plus avoir peur
de tomber
ni de vivre
parce que je suis entière
parce que je ne peux pas me résoudre
à être autrement

*le miel et les épines des roses*

je m'offre des fleurs
et apprécie la lumière du matin
je me balade en pensant à hier
et aussi un peu à demain
mais je ne prévois plus
j'attends les belles choses
qui vont arriver
parce qu'après l'orage
vient toujours le beau temps

   - les rayons du soleil ne tarderont plus

je n'ai toujours pas vraiment compris
qui tu étais pour moi
ni comment ta présence
s'est trouvée sur ma route
tu occupes toujours beaucoup
mes pensées
sans cesse
parce que j'ai peur de perdre
toujours
mais j'essaye d'avancer
de me libérer
d'un attachement
qui m'enferme
et me brise

    - dépendance affective

viens on va regarder les étoiles
et jouer à se raconter des blagues
à rire et à sourire dans le silence de la nuit

- je ne veux jamais grandir

parfois quand je te regarde
et que le calme de l'existence revient un peu
que j'arrive à nouveau à respirer
et à oublier tout ce qui ne va pas
je ressens une joie immense d'être à tes côtés
une euphorie indescriptible
tu me rends heureuse

*le miel et les épines des roses*

je commence à apprécier
les roses pour leur couleur
et plus pour leurs épines

je réussis
doucement
à trouver un équilibre
un équilibre entre toutes
les personnes que j'aime
un équilibre dans mes passions
un équilibre dans mes rêves
tout est à sa juste place
mais j'ai encore peur
que le vide refasse surface
j'ai peur de tout perdre
mais quand le ciel s'assombrit
il suffit d'un sourire
pour que l'espoir refleurisse

*le miel et les épines des roses*

ton absence
m'abîme encore
et toutes les nuits
tu me rends encore visite
entre deux songes
mais la douleur
commence à s'apaiser
les blessures à se refermer
et les souvenirs à réparer mon coeur

désormais
j'essayerai de me rappeler
que toutes les fois
où l'espoir m'a quitté
et que la pluie a inondé mes joues
que le soleil n'est jamais loin
que quelque part dans la nuit
une étoile brille toujours

*le miel et les épines de roses*

j'ai décidé de vivre pour moi
sans aucune chaîne
pour me rattacher aux ombres
et laisser derrière moi
ce qui me faisait du mal
ce qui me brisait
m'inquiétait
me dévorait
j'ai décidé de vivre
de respirer
et de ne plus me soucier
de ce qui pourrait arriver
si je choisissais le chemin
qui me plaisait

j'aime le fait
de ne pas avoir besoin
de te parler pour que tu puisses
me comprendre
de ne pas avoir besoin de t'expliquer
ce qui m'arrive
pourquoi je pleure souvent
et la peine que je ressens
quand je repense à elle
j'aime que tu me comprennes en un regard
parce que pendant longtemps
j'ai pensé que tu ne me voyais pas
mais en fait tu savais
tu n'avais pas besoin
de plus ni d'explications
tu savais
et tu étais là
c'est tout ce qui comptait

*le miel et les épines de roses*

quand je suis avec toi
c'est comme si le temps s'arrêtait
comme si tout ce qui est mauvais
ne pouvait plus arriver
comme si
pendant un instant
le monde s'arrêtait de tourner

*maya peters*

quand je me suis retrouvée
à cette table
avec tous ceux que j'aimais
et que sur mes joues
les larmes ne coulaient plus
j'ai su que je commençais
à savoir comment soigner mes blessures
et prendre soin de mes cicatrices

*le miel et les épines des roses*

je n'ai plus peur des rechutes
parce qu'elles font partie du chemin
parce qu'elles ne sont pas graves
parce qu'elles enseignent
que tout n'arrive pas
quand on le veut
mais quand on est prêt
à l'accueillir

vous savez
j'ai tellement
fait semblant
qu'aujourd'hui
je n'arrive plus
à cacher ce que je ressens
ça se lit dans mes yeux
et sur mon visage
ça se lit dans mon coeur
et dans mon âme
je ne veux plus
avoir honte de mes émotions
elles font de moi ce que je suis

*le miel et les épines des roses*

il m'arrive aujourd'hui
d'être reconnaissante
pour tout ce qui m'arrive
pour tout ce qui se trouve
sur mon chemin
et que je ne comprends pas toujours
je choisis de croire que je mérite
les choses biens
De ne plus me persuader
que je ne mérites rien
parce que je ne suis
pas assez
j'accepte les belles choses
et j'essaye de me convaincre
qu'elles me sont destinées
et qu'elles sont un pas de plus
vers la paix
vers la résilience

de mes cendres
j'ai décidé d'en faire de l'art
parce que briller ne m'intéresse pas
je préfère rayonner de mes expériences
de ce qui m'a forgé
et qui m'a entraînée à devenir plus forte
plus sûre de moi
je veux que mes maux
me permettent d'atteindre
celle que je veux devenir

avant je pensais
que pour être forte
et pour affronter les tempêtes
il fallait avoir vécu un traumatisme
qui m'aurait forgé un caractère
qui m'aurait permis une résilience
une sorte de deuxième naissance
mais j'ai compris
en ayant vécu l'enfer
qu'un traumatisme ne forge pas
il affaiblit et nous rend vulnérables
et que c'est face à cette vulnérabilité
que nous nous forgeons une armure
et un coeur de glace parce que
les autres nous blessent
tout nous atteint plus
qu'à l'ordinaire
vivre un traumatisme ne rend pas plus fort
ça rend plus lucide et distant

j'essaye de me battre
contre les fantômes de ma tête
j'essaye de les combattre
de les faire taire
mais parfois ils gagnent encore
et boivent un verre de vin
à la santé de ma rechute.

épines

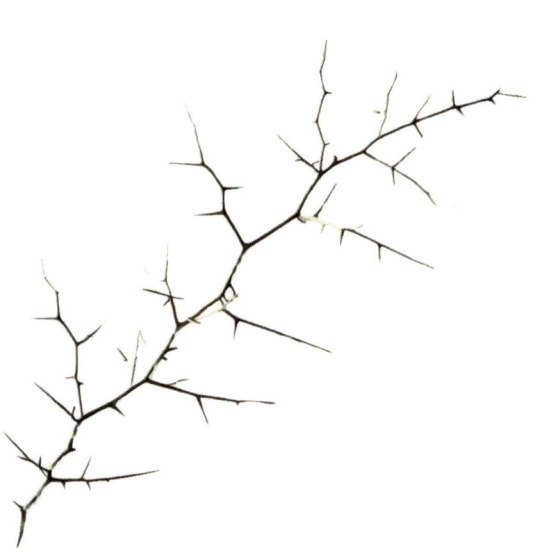

*le miel et les épines des roses*

j'ai des monstres
dans ma tête
qui aiment jouer
à cache-cache
avec mes sourires
je n'arrive pas
à les faire cohabiter
avec mon espoir

*maya peters*

je me suis encore éraflée les genoux
à force de courir vers la lumière
pour échapper à l'obscurité
menaçante qui vient
toutes les nuits jusque
dans ma tête
qui assombrit mes pensées
qui m'empêche
de m'échapper
de m'évader
de prendre mon envol

*le miel et les épines des roses*

me restera-t-il assez de souffle
pour rejoindre l'autre rive ?

les épines des roses
que je m'offre
m'écorchent encore parfois
parce que j'ai encore peur
de la solitude
je ne me connais pas assez
et je ne sais pas cohabiter
avec ma tête
alors quand je me retrouve seule
avec moi-même
il y a toujours cette petite voix
qui me chuchote
que rien ne suffira jamais
que je n'irai jamais mieux
que je resterai pour toujours
bloquée dans un mal-être
dont je n'arrive pas à me défaire

*le miel et les épines des roses*

tu sais
j'ai toujours un peu douté
de moi parce que
j'ai toujours peur
de ne jamais être à la hauteur
pour assumer ce que je crée
ce que je fais
tout ce qui émane de moi
ne semble être jamais assez
jamais suffisant pour être aimé

la mort
a un jour été si proche de moi
que j'en ressens encore sa présence
qui m'étreint
et qui me dit doucement à l'oreille
qu'un jour elle reviendra peut-être
pour m'enlever encore
une personne que j'aime

*le miel et les épines des roses*

toi aussi tu vas partir n'est-ce pas ?

*maya peters*

j'ai tellement d'angoisses perdues
dans ma tête
que le monde me semble être
un terrain de jeu dangereux

où es-tu aujourd'hui ?
les draps à côté de moi
étaient froids ce matin
et tout me semble si fade

   - reviens

je me suis encore perdue
je ne reconnais plus les rues
de mon quartier
ni le sourire de mes amis
pas même le parfum
de ceux que j'aime
je me suis perdue
et je n'ai plus de repères

*le miel et les épines des roses*

tout m'a semblé
encore compliqué ce matin
la lumière était trop forte
les bruits trop nombreux
mon corps trop fatigué
je n'arrivais pas à me lever
et je tournais en rond
le monde me semblait trop rapide
je n'avais plus les épaules
pour l'affronter

ce n'est pas que
j'ai envie de fuir
ou de partir
mais c'est que je sais
qu'un jour tout s'effondrera
et que je préfère être loin
du souffle de la tempête
le jour où ça arrivera

*le miel et les épines des roses*

je n'ose plus dire à quel point
je suis fatiguée
parce que j'ai beau hurler
pleurer et sombrer
personne ne s'attarde jamais

*maya peters*

tes messages sont devenus froids
comme ton regard
quand tu poses les yeux sur moi

*le miel et les épines des roses*

crois-tu qu'un jour
on pourra être tous réunis ?
les âmes faites pour être ensemble
mais que la vie a séparées

je t'ai croisée ce matin
et l'évidence m'a sauté au coeur
tu me manques et je ne sais plus
comment te le dire ou te le faire comprendre
parce que tu as tourné la page
tu m'as oubliée
tu ne me remarques plus dans les rues
ou dans les bar la nuit
dans les cafés le jour
je ne fais plus partie de ta vie
et toi tu vas bien

    - c'est moi qui en meurs

*le miel et les épines des roses*

à chaque fois
qu'un souvenir qui te concerne
me revient
je sens mon coeur
qui se fissure un peu plus

je me sens démunie
face à un vide
et une peine
que je ne comprends plus
ça n'a pas été faute pourtant
de la combattre
de l'étouffer
de m'asseoir à ses côtés
pour lui dire de s'en aller
de me laisser tranquille
de me rendre mon espoir
et ma joie de vivre

*le miel et les épines des roses*

que vais-je devenir
quand tu ne seras plus là
pour essuyer mes larmes ?

*maya peters*

ma culpabilité
me chuchote
souvent la nuit
tous mes regrets
et mes remords
de n'avoir rien fait
ou au contraire
d'en avoir trop fait
pour des personnes
qui ne me laissaient
aucune place dans leur vie

*le miel et les épines des roses*

je me suis accrochée à toi
comme on s'accroche
à une bouée de sauvetage
à un radeau dérivant sur l'eau
à une dernière promesse
à un sourire dans la tempête

*maya peters*

les fleurs ont fané
je les ai vues dans le salon ce matin
et dans la table de la cuisine
des pétales noircis

*le miel et les épines des roses*

des murs sans prises
et je glisse
lentement
vers les abysses

je pense toujours
qu'un jour tu me détesteras
parce que je te ferai du mal
sans m'en rendre compte
discrètement
je briserai ton coeur
et tu me détestera
tu me rayeras
de ta vie
parce que je gâche
toujours
ce qu'on a de beau

*le miel et les épines des roses*

un jour
je me promènerai
dans notre quartier
et je te rencontrerai
tu auras le même sourire
le même regard rieur
la même démarche assurée
presque hautaine
les mêmes bras croisés
sur ta poitrine
la même envie dans l'attitude
de défier le monde
je te croiserai
et nous ne nous regarderons pas
on ne se sourira pas
on s'ignorera
parce que le temps sépare les âmes
parce que le temps efface l'amour
parce que le temps ne nous laisse que des souvenirs

crois-tu qu'un jour tout
redeviendra comme avant ?
que je pourrais à nouveau être heureuse
de venir manger à la maison
que je serai à nouveau soulagée
de te confier mes secrets
qu'un jour je n'aurai plus
ce gout amer
quand je te quitte
qu'un jour je recommencerai
à m'endormir sans angoisse la nuit ?

*le miel et les épines des roses*

le monde un jour s'est tu
le silence m'a enveloppée
comme une douce couverture
je l'ai aimé
au début
il me semblait bon
puis il est devenu insupportable
il a commencé à devenir bruyant
quand pour la première fois
je me suis retrouvée seule dans mon appartement
quand j'ai appris une nouvelle qui m'a brisé le coeur
quand je me suis sentie seule et abandonnée
quand pour la première fois je n'ai pas osé te parler
par peur de te blesser
le silence est devenu bruyant
et je n'arrive plus à cohabiter
avec mes pensées

*maya peters*

même les sourires
et les paroles d'encouragement
que tu m'adresses
me font pleurer
l'espoir est parti
j'essaye de le rattraper
mais je l'ai perdu
dans le brouillard de mes pensées

*le miel et les épines des roses*

je me sens vide
depuis quelques temps
la lumière qui brûlait
au creux de mon coeur s'est éteinte
et a été remplacée par une fatigue
lancinante
usante
déchirante
qui me hante

j'aimerais comprendre
cette différence
que je ressens face au monde
pourquoi je ne ressens pas
la même chose que les gens
pourquoi ce qui détruit les autres
me laisse de marbre
pourquoi ce qui est insignifiant
prend autant de place dans ma tête
trop sensible ou pas assez
je me sens en contradiction
avec tout ce qui m'entoure

*le miel et les épines des roses*

ne m'en veux pas
si je n'arrive pas à te dire
que je t'aime
je ne sais pas exprimer
ce que je ressens
je n'ose pas par peur
de ta réaction
alors je préfère que ces mots
n'existent pas
plutôt qu'ils viennent
mourir sur mes lèvres

*maya peters*

je n'arrive plus à trouver du sens
je ne sais plus où aller
ni qui aimer
je ne sais pas vers qui
ou quoi me tourner
pour essayer de m'en sortir
de reprendre mon souffle
de sauver mes poumons
de la noyade

*le miel et les épines des roses*

peut-être que la solitude
est le meilleur remède
à tout ce qui me brise

j'ai voulu m'évader un instant
en m'endormant
juste en fermant les yeux
en espérant de pas faire de cauchemar
ne pas rêver du tout
pour laisser ma tête se reposer un peu
mais le réveil
brutal et froid
me rappelle tout
et me fait sombrer
encore une fois

souvent il m'arrive
d'observer les gens
et de me demander
comment ils font pour vivre
pour garder le rythme
pour rire entre amis
jusqu'au bout de la nuit
et recommencer le lendemain
enchainer les cafés la journée
puis les verres dans les bar
sans jamais être fatigués
sans jamais n'avoir besoin
d'une semaine entière
pour s'en remettre ou
de quelques dizaines
d'heures de sommeil
comment font-ils pour partir
dans des endroits
qu'ils ne connaissent pas
sans avoir ce frisson étrange
dans le ventre
qui me tue à chaque fois
comment font-ils
pour accepter les imprévus
les changements
et ne pas penser
à abandonner
une seule seconde

j'ai dans ma tête
tout un imaginaire
qui me protège
du monde

*le miel et les épines des roses*

j'aimerais te dire de ne pas t'inquiéter
que ça va aller
que tout va s'arranger
que le feu de la tempête va passer
mais je n'en sais rien
je ne sais pas quand j'irai bien
ni si j'irai mieux
j'ai besoin de temps
de me retrouver
de me pardonner
et de me comprendre
alors ne m'attend pas
n'attend pas que l'orage passe
reste en silence
juste une présence
dans la pluie battante

*maya peters*

le monde brûle dehors
un feu ardent dans ma poitrine
tout part en poussière
et rien ne résiste

*le miel et les épines des roses*

le brouillard m'empêche
d'y voir clair
et de deviner
les sourires qui me sont adressés

l'obscurité me fait moins peur
aujourd'hui
je vois les étoiles
par la fenêtre de ma chambre
dans la nuit noire
elles me rappellent
qu'un jour peut-être
la lumière reviendra
qu'elle ne meurt jamais

je ne me sens plus en sécurité
nulle part
c'est comme si
j'avais fait semblant
pendant tellement d'années
que je ne sais plus qui je suis
ni celle que j'ai été
je n'ai plus d'armure
je suis mise à nue
dans un monde qui ne me reconnaît plus

*maya peters*

je suis figée
tétanisée
je n'arrive plus à bouger
ou à parler
tout me semble
trop compliqué

*le miel et les épines des roses*

raconte-moi encore des histoires
fais-moi rêver encore un instant
avec une existence que je n'ai pas
fais-moi oublier le chaos
juste une seconde

on m'a toujours parlé
de la résilience comme étant
le bout du chemin
la finalité de la douleur
mais plus les années passent
plus je comprends
qu'elle n'est qu'une étape
qu'elle n'éloigne pas le chaos
ni les ombres qui flottent
à cote de moi
elle est une attitude
face à la vie
et parfois
oui encore parfois
je faiblis

*le miel et les épines des roses*

m'allonger sur le sable
sentir une brise de vent
me caresser le visage
entendre le bruit des vagues
qui s'échouent contre les rochers
et attendre que le soleil se lève

   - ne plus être responsable de rien

*maya peters*

je ne savais pas que la tristesse
pouvait aussi être un sourire

*le miel et les épines des roses*

je ne supporte plus
qu'on me demande comment je vais
parce que plus le temps passe
plus je ne sais plus quoi répondre
parce que je ne me comprends plus
parce que je ne sais plus faire la différence
entre celle que je suis
et celle que je voudrais être

*maya peters*

je m'en sortirai

*le miel et les épines des roses*

un jour je ne remarquerai plus
les épines des roses
parce qu'elles ne pourront plus m'atteindre
je ne saignerai plus
mes blessures se refermeront.

*maya peters*

il me reste des cicatrices
dont je prends soin
elles sont la preuve
de mon combat quotidien
contre moi-même
contre ma tête
elles sont ce que j'ai
de plus cher
elles crient sans cesse
« *regardez-moi*
*j'ai souffert*
*mais je suis en vie* »

roses

*le miel et les épines des roses*

un jour ça sera toi
qui me supplieras
de te pardonner
ça sera toi qui m'achètera des fleurs
qui espèrera me reconquérir
parce que je n'ai plus peur
de perdre des gens
j'en ai tellement perdu
que mon monde est peuplé de fantômes

   - on s'habitue à la solitude

j'ai tellement de « *merci* »
à adresser
que je ne sais plus
par qui ou par quoi commencer
parce que nombreuses sont les choses
qui me font rester ici

*le miel et les épines des roses*

je ne sais pas quoi faire de mon corps
il m'encombre
et me rend vulnérable
je ne sais pas quoi faire
pour garder une contenance
je ne sais pas comment faire
pour l'accepter
pour ne pas me sentir en prison
pourtant je commence
à m'aimer
à m'apprivoiser
j'ai besoin de temps
pour m'aimer enfin pleinement

j'ai laissé trop de fois
le café refroidir sur la table du salon
pour me noyer dans mes pensées
dans des pensées affreuses
qui m'empêchaient d'avancer
depuis le goût amer et froid
ne me convient plus
j'ai besoin de chaleur
j'ai besoin d'amour
j'ai besoin de vie

je me sens toujours étrangère
à ce qui m'entoure
j'ai parfois besoin de partir
ou plutôt de fuir
pour me retrouver
parce qu'il faut bien
que je trouve un endroit où guérir
un endroit où j'accepte enfin
de me regarder dans un miroir
il faut que je trouve un endroit
où je pourrais enfin me dire
« *ça ira* »

je crois que je peux dire
que je suis heureuse
que j'aime ma vie telle qu'elle est
que je suis bien entourée
et que je me sens en sécurité
pourtant il m'arrive encore
parfois
de me sentir en danger
parce que je ne me connais
pas encore vraiment
et je ne sais pas
ce que je risque d'abandonner demain
alors je comble le vide
en riant
et en recouvrant mes cicatrices
et mes blessures
de pétales de fleurs

*le miel et les épines des roses*

il m'arrive encore
de me sentir toute seule
parce que je suis sans cesse confrontée
à l'indifférence des personnes
censées m'aimer et me protéger
pourtant la petite fille crie
et je ne parviens pas
à apaiser ses craintes

toute l'affection
et l'amour
que tu as oublié de me donner
je l'ai trouvé dans d'autres bras
et ne t'en fais pas
tu ne me manques pas
parce que je suis désormais
entourée d'une chaleur
plus sincère

*le miel et les épines des roses*

en regardant par la fenêtre ce matin
j'ai respiré devant
ce nouveau jour qui se levait
et je n'ai eu aucune appréhension
juste un sentiment de paix
face à tout ce grand vide
que je dois combler
par des expériences

c'est une autre personne
qui a assisté à tous mes succès
de jeune adulte
c'est une autre personne
qui m'a pris dans ses bras
et qui m'a félicité
qui m'a encouragée
à me relever
quand j'échouais

    - ce n'était pas toi et je ne le regrette pas

*le miel et les épines des roses*

peut-être que tu as eu peur
de nos différences
peut-être que tu ne sentais pas
assez préparé pour les affronter
peut-être que ça a été
une solution de facilité pour toi
d'abandonner et de ne pas te battre pour nous
peut-être que je n'étais pas assez bien
peut-être que tu n'avais simplement plus envie

    - mais n'oublie pas que j'ai désormais
    une blessure béante dans le coeur

en fait je crois que ça y est
je te hais
et ce n'est plus de l'amour
c'est le premier pas
vers la plus froide
des indifférences

    - il fallait que je me libère
      de toute cette colère

*le miel et les épines des roses*

ne t'engage pas à mes côtés
si tu sais qu'un jour tu partiras
si tu sais qu'un jour tu seras tenté(e)
de tout abandonner
de m'abandonner
parce que je ne le supporterais pas
et j'aurais moins mal
si tu pars maintenant

je suis partie
j'ai voulu tout quitter pour t'oublier
mais peu importe où je vais
tu restes là près de moi
parce que je t'aime
et que la distance
ne peut rien effacer
de ce que j'ai vécu à tes côtés
de beau et de précieux

*le miel et les épines des roses*

j'ai espéré
que tu essayes de trouver
des solutions avec moi
pour alléger ma peine
pour la rendre moins lourde à porter
j'ai espéré que tu portes à ma place
pendant un temps au moins
ce manteau et ce sac trop lourds pour moi
pour mes épaules qui ont déjà trop supporter
pour ce que corps qui a déjà trop fait semblant
et je n'ai été confrontée qu'à du silence

   - si tu savais comme j'ai eu mal

je ne ressens aucune colère envers toi
mais je sais
depuis ton regard
depuis ce silence au bout du fil
que je suis seule
que je ne peux pas compter sur toi
que je ne peux faire confiance à personne

*le miel et les épines des roses*

comment pourrais-tu m'aimer ?
je ne suis que ruines
je ne suis que souvenirs
j'essaye de me reconstruire
mais ça prend du temps
ça m'épuise et c'est long
j'ai peur de ne pas y arriver
alors comment fais-tu
pour ne pas me lâcher
pourquoi prends-tu un rôle
qui n'est pas le tien
et qui pourtant me sauve
pourquoi t'infliges-tu
toutes ses responsabilités
alors que tu pourrais seulement
choisir de passer à côté de moi
de ne pas me regarder
d'ignorer ce que je murmure

*maya peters*

pour tout ce que je n'ai pas été capable
de faire comme tout le monde
je me pardonne

*le miel et les épines des roses*

en me regardant dans le miroir
j'ai soudain pris conscience
que je ne m'étais jamais vraiment vue
jamais vraiment regardée
je passais
j'oublie souvent que moi aussi j'ai un visage
un visage qui reste dans les mémoires
un sourire qui peut embellir une journée
un rire dont se souviendront les ruelles
j'oublie souvent que mon corps aussi est beau
que je suis chanceuse d'être en vie
que bientôt peut-être
des roses pousseront dans mes mains

j'aimerais tant je crois
ne t'avoir jamais rencontrée
n'avoir jamais respiré ton parfum
n'avoir jamais appris à aimer ton sourire
parce que j'ai pris une place
qui n'était pas la mienne
et depuis je suis dévorée par les ombres
parce que rien ne me comble jamais
je veux avoir l'image de toi
que je me suis créée
mais elle n'existe pas
tu n'es pas elle
tu ne le seras jamais
et je n'arrive pas à l'accepter

*le miel et les épines des roses*

en me réparant
tu m'as aussi donné
une raison d'abandonner
parce que tu ne seras
pas toujours
à mes côtés

pourquoi j'ai toujours
ce vide étrange
dans ma poitrine
qui me ronge
et qui m'affaiblit
alors que j'ai tout
absolument tout
pour être heureuse ?

*le miel et les épines des roses*

je suis tellement épuisée
que même mes jambes
ne me supportent plus
parce qu'aujourd'hui
j'en ai marre de faire semblant
que tout aille bien
alors que dans ma tête
tout explose
parce que je sens mon corps
qui fatigue et qui est las
las de vivre et d'essayer
d'affronter la vie

aux portes de mon corps
se logeant juste sous mes seins
j'entends le souffle
de l'écume des vagues
qui se pose sur ma peau
ce souffle salé la brûle
pour se frayer un chemin
jusqu'à mon coeur
les vagues
un jour
emporteront tout
et se déverseront
un jour de mes lèvres
pour venir faire mourir
tout ce qui me pèse
dans le souffle du vent

*le miel et les épines des roses*

il y a un fantôme
dans ma maison
qui habite mon corps
et hante mes nuits
il ne veut plus partir
sans visage
il m'empêche de vivre
et me murmure
des choses
sur la vie
qui me font aussi mal
que des épines

*maya peters*

tu n'avais pas le droit
de prendre une place
aussi importante
pour m'abandonner
tu n'avais pas le droit
d'assumer un rôle
qui n'était pas le tien
sans en avoir
la force nécéssaire
tu n'avais pas le droit
de m'aimer
pour me briser le coeur

*le miel et les épines des roses*

je te hais tellement
si tu savais
j'aimerais passer
à autre chose
t'oublier
faire comme si
tu n'avais jamais existé
mais je n'y arrive pas
tu restes encrée sous mes paupières
et je n'arrive pas à t'en faire disparaître

   - tu es dans chacun de mes rêves

*maya peters*

peut-être qu'un jour
tu te rendras compte
qu'en ayant voulu
en faire trop
tu m'as brisée

*le miel et les épines des roses*

te faire oublier
que je ne suis pas parfaite
en t'embrassant
pour sentir tes lèvres
mourir d'amour
ne plus penser
aux « *peut-être* »
ni aux lendemains
parce que dans l'instant
dans cet instant
nous sommes
à notre place

ne m'enferme pas
ne cherche pas à me garder
bien au chaud auprès de toi
parce que j'étouffe
parce que mon anxiété
revient se lover contre moi
et que je ne sais plus quoi faire
pour remonter à la surface
ne me donne pas envie de partir
laisse-moi ma liberté pour t'aimer

*le miel et les épines des roses*

je m'en veux quand
te voir vivre auprès des autres
me rend malheureuse
parce que j'aimerais
tout expérimenter à tes côtés
mais ce n'est pas rationnel
ce n'est pas sain
je le sais
mais je ne peux pas
m'empêcher
de t'aimer

*maya peters*

te voir
me rend
plus malheureuse
que de rester
dans ma plus
profonde solitude
parce que te voir sourire
me renvoie à mes larmes

*le miel et les épines des roses*

vivre et rire à tes côtés
découvrir le monde
et rêver de l'avenir ensemble
puis retrouver les murs froids
de ma chambre
ceux qui accueille mes larmes
celles qui tombent sur mes draps
cacher mon corps
dans mon lit vert-orange
et attendre des fleurs
qui jamais ne viendront

je pense à toi
tous les jours,
à ton corps sous mes mains
à tes yeux qui me font penser à l'océan
à tes mains que j'ai envie de serrer très fort
pour te promettre de meilleurs lendemains
à tes lèvres qui appellent les miennes
à tes épaules qui cherchent à frôler les tiennes
parce que je pense à toi
et je n'arrive pas à me défaire de cette image
j'attends un signe
quelque chose venant de toi
et je ne suis confrontée qu'au vide
à un monde vide de toi
et pourtant plein de ta présence

*le miel et les épines des roses*

sentir ton parfum
et me perdre dans des histoires
que je m'invente

tous les matins
je suis tirée de mes rêves,
arrachée à mes songes
tu surgis dans mon esprit
et je ne peux qu'accueillir ton image
et en mourir encore une fois

j'aimerais que tu puisses
me demander l'autorisation
avant de me hanter,
de chercher à me changer

*le miel et les épines des roses*

pardon de ne pas être
celle que tu cherches
pardon d'être moi
et de ne pas correspondre
à tout ce que tu attends de quelqu'un
j'aurais tant voulu construire
quelque chose avec toi
j'aurais tant voulu que tu ne sois qu'à moi
sentir ton corps sous mes doigts
entendre ta voix
que j'aurais pu en mourir
je crois

nous nous sommes reconnues
quand je t'ai vu j'ai su
ce que voulait dire aimer
ce que voulait dire « *le coup de foudre* »
et pourtant je sais que ce n'est pas de l'amour
pas comme on l'imagine
pas comme on en a l'habitude
parce que c'est impossible
mais c'est une forme d'amour
et je t'ai reconnue
dès la première seconde où je t'ai aperçue
au-delà du regard
ça a été une question d'âme je crois

*le miel et les épines des roses*

mes années de lycée
me laissent un goût amer
parce que je crois que j'aurais
préféré être ailleurs
et changer d'air
j'en garde un souvenir étrange
flottant dans l'air
pour me rappeler qu'un jour
j'ai souffert
que j'ai été une cible
qu'on m'a un jour collée
l'étiquette « différente » sur le front
qui n'en est plus jamais partie
qui reste ancrée en moi

j'espère que ma présence
arrive un peu à te rassurer
à te faire sourire parfois
quand tu penses à moi
que toi aussi tu rêves
de moi la nuit
quand tout autour est calme
j'espère que mon image
hante ton esprit
comme la tienne hante le mien

parce que c'est merveilleux
qu'une personne qu'on aime
ne nous quitte jamais vraiment

*le miel et les épines des roses*

un jour j'écrirai un livre sur toi
sur ton monde
je me le suis promis
parce que je veux
que ceux qui n'ont pas eu
la chance de te connaître
puissent s'imaginer à quel point
il est merveilleux d'être à tes côtés
de t'écouter parler,
de t'entendre rire
de te voir sourire
c'est aussi merveilleux
que le bruit de l'ocean
que les vagues qui s'en vont
et qui reviennent s'échouer
sur le rivage

j'aime voir les fleurs
que je t'offre dans ton salon
ça me donne la sensation
que je décore
un peu les murs de ta maison
que tu penses un peu plus à moi
quand tu respires leur parfum

*le miel et les épines des roses*

me sentir utilisée
et inutile
pleurer en t'attendant
alors que tu ne viens jamais
je le sais
j'essaye juste de me persuader
qu'un jour ça sera peut-être différent
et mes larmes n'auront plus
le gout de la déception

j'aimerais
que quelqu'un me dise
qu'un jour les choses
s'arrangent forcément
que l'enfant blessée
au creux de ma poitrine
retrouvera sa joie de vivre
que l'adulte que je suis devenue
au milieu de tous ces décombres
aura un jour un sourire sincère
qui se dessinera sur ses lèvres

*le miel et les épines des roses*

*« ça ne va pas du tout »*
mais personne ne me croyait
tout le monde pensait que j'exagérais
ils ont dû attendre les larmes
et ma voix éteinte
pour comprendre qu'effectivement
quelque chose ne tournait pas rond
que ça n'allait pas du tout
la petite fille qui est tombée
dans le monde des merveilles
a oublié sa robe bleue dans les vestiaires
elle a oublié aussi les biscuits et le thé
elle a tout laissé dernière elle
pour ne rien regretter